ピンとくる仕事や先輩を見つけたら、巻末のワークシートを記入用に何枚かコピーして、
手もとに置きながら読み進めてみましょう。

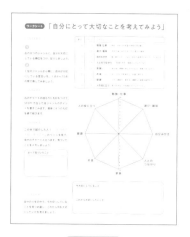

ワークシート
「自分のキャリアをイメージしてみよう」

ワークシート
「自分にとって大切なことを考えてみよう」

このワークシートは、自分の未来を想像しながら、
自分が今いる場所を確認するための、強力なツールです。

STEP1から順にこのワークに取り組むと、
「自分の得意なこと」や「大切にしていること」が明確になり、
思わぬ気づきがあるでしょう。

そして、気づいたことや思いついたことは、
何でもメモする習慣をつけるようにしてみてください。

迷ったとき、くじけそうなとき、記入したワークシートやメモをふりかえれば、
きっと、本来の自分を取り戻し、新たな気持ちで前へと進んでいけるでしょう。

さあ、わくわくしながら、自分の未来を想像する旅に出かけましょう。

ボンボヤージュ、よい旅を！

ジブン未来図鑑編集部

職場体験完全ガイド＋

ジブン未来図鑑
キャラクター紹介

「食べるのが好き！」
メインキャラクター
ケンタ
KENTA

参謀タイプ。世話好き。
怒るとこわい。食べるのが好き。

「動物が好き！」
メインキャラクター
アンナ
ANNA

「おしゃれが好き！」
メインキャラクター
ユウ
YŪ

人見知り。ミステリアス。
独特のセンスを持っている。

「演じるのが好き！」
メインキャラクター
カレン
KAREN

リーダー気質。競争心が強い。
黙っているとかわいい。

ムードメーカー。友だちが多い。
楽観的だけど心配性。

「デジタルが好き！」
メインキャラクター
ダイキ
DAIKI

ゲームが得意。アイドルが好き。
集中力がある。

職場体験完全ガイド＋

ジブン未来図鑑

JIBUN MIRAI ZUKAN

②

動物が好き！

獣 医　　　　トリマー　　　　動物飼育員　　　ペットショップ
　　　　　　　　　　　　　　　　　　　　　　　スタッフ

CONTENTS
ジブン未来図鑑 （職場体験完全ガイド＋）

MIRAI ZUKAN 01

獣医（じゅうい）
.... 04

獣医（じゅうい） 平治隆（たいらはるたか）さんの仕事 06

平治隆（たいらはるたか）さんの1日 08

平治隆（たいらはるたか）さんをもっと知りたい 10

平治隆（たいらはるたか）さんの今までとこれから 12

平治隆（たいらはるたか）さんがくらしのなかで大切に思うこと 13

MIRAI ZUKAN 02

トリマー
.... 14

トリマー 加藤利咲（かとうりさ）さんの仕事 16

加藤利咲（かとうりさ）さんの1日 18

加藤利咲（かとうりさ）さんをもっと知りたい 20

加藤利咲（かとうりさ）さんの今までとこれから 22

加藤利咲（かとうりさ）さんがくらしのなかで大切に思うこと 23

MIRAI ZUKAN 03

動物飼育員
しいくいん
·················· 24

動物飼育員 伊藤達也さんの仕事 ················· 26
しいくいん いとうたつや

伊藤達也さんの1日 ················· 28
いとうたつや

伊藤達也さんをもっと知りたい ················· 30
いとうたつや

伊藤達也さんの今までとこれから ················· 32
いとうたつや

伊藤達也さんがくらしのなかで大切に思うこと ··········· 33
いとうたつや

MIRAI ZUKAN 04

ペットショップスタッフ
·········· 34

ペットショップスタッフ 轟 元気さんの仕事 ············· 36
とどろきげんき

轟 元気さんの1日 ················· 38
とどろきげんき

轟 元気さんをもっと知りたい ············· 40
とどろきげんき

轟 元気さんの今までとこれから ············· 42
とどろきげんき

轟 元気さんがくらしのなかで大切に思うこと ··········· 43
とどろきげんき

ジブン未来図鑑 番外編 「動物が好き！」な人にオススメの仕事 ··················· 44
動物看護師／自然保護官（レンジャー）…44 動物学者（動物研究員）／海洋生物学者／水族館の飼育員／酪農家…45
かんごし ほごかん
牧場作業員／盲導犬訓練士／ブリーダー／ドッグトレーナー…46 ペットシッター／アニマルセラピスト…47
もうどうけんくんれんし

VETERINARIAN

獣医
じゅうい

人間の
お医者さんとは
ちがうの？

?

どんな場所で
はたらくの？

?

どんな勉強を
したらいい？

?

どうやって
動物の不調が
わかるの？

?

獣医ってどんなお仕事?

　獣医は、犬、猫などのペットや、ウマ、ウシ、ニワトリといった家畜など、さまざまな動物の診察・治療を行います。動物病院での診療・治療のほか、動物園や水族館で飼育される動物の健康管理や診察・治療、食品衛生検査所や保健所、検疫所などで行う保健衛生に関する検査、大学や製薬会社などで行う試験・研究などの仕事があります。いずれも獣医としてはたらくには国家資格である獣医師免許の取得が必要です。獣医は、さまざまな種類の動物を対象に、外科や内科などすべての診療科を1人で担当します。ここが人間の医師とはちがうところです。また、動物は苦痛を訴えることができないので、動物の知識や技術に加え、観察力や洞察力ももとめられます。

給与
（※目安）

24 万円
くらい〜

　初任給は同年代とくらべやや高め。動物病院や動物園、製薬会社の勤務医のほか、公務員としてはたらくケースもあり、その場所によって収入に差があります。

※既刊シリーズの取材・調査に基づく

（ 獣医に なるために ）

ステップ①

大学の獣医学科で6年間学ぶ

　獣医学の基礎・応用・臨床などを6年間かけて学び、獣医師国家試験の受験資格を得る。

ステップ②

国家試験に合格して獣医師免許を取得

　獣医師国家試験に合格後、農林水産大臣に申請し、獣医師免許の交付を受ける。

ステップ③

獣医として就職

　動物病院や動物園、製薬会社、検疫所などに就職する。研究の道に進む人も。

こんな人が向いている！

動物が好き。
動物の世話が好き。
観察するのが好き。
忍耐強い。
好奇心が強い。

もっと知りたい

　獣医の就職先として人気の高い動物園や水族館の多くは、定期的な募集はなく、欠員が出なければ募集されないので、狭き門となっています。また、研修医制度が整っていないため、就職しても数年は飼育員と兼務して経験を積むのが一般的です。

妊娠中のアザラシの健康診断。超音波検査を行って胎児の状態を確認します。

館内の水棲生物を飼育しながら
診療・健康管理を行う

　獣医の平治隆さんがはたらく「アクアマリンふくしま」の水族館には、約800種類、約6万点におよぶ動物が飼育されています。平さんは、もう1人の獣医と2人で館内すべての動物の診療と健康管理に当たっています。アクアマリンふくしまでは、獣医も動物の飼育を担当するので、平さんも現在、アザラシやオットセイ、トドなどの海獣類と、エトピリカやウミガラスなどの海鳥の世話をしています。飼育作業であるえ

さの準備（調餌）、えさやり（給餌）、水槽の清掃は、獣医として動物の体調を確認する大事な機会です。

　海獣のえさは、解凍したアジやホッケ、イカなどで、毎日朝と夕方、1頭ごとに同じ内容、同じ量を与えます。えさを同じ量にするのは、前日と食べる量が変わらないかなど、動物の体調の変化をつかみやすくするためです。えさやりでは食べるようすをよく観察し、いつもと変わったところはないか、食べるスピードはどうかなどをチェックしています。

　展示水槽の掃除は、感染症などの病気から動物を守るために欠かせない作業です。同時に、えさの食べ残

しや便のようすなど動物の健康状態をチェックする重要な機会でもあります。

　水族館にいる動物は、基本的に体調の悪いようすを見せないようにしています。弱っているところを見せると敵にねらわれ、食べられてしまうという野生の本能が残っているからです。だからこそ、飼育作業中の観察が重要で、手おくれになる前に、異変に早く気づき、対処することがもとめられます。

　飼育作業を行うなかで、動物の異変に気づいたら、診察を行います。大形の海獣は診察室に運べないため、展示施設内で診察します。顔色や目つき（ぼんやりとしていないか）を見たり、口の中の色を調べたり、おなかに手を当てて腹部の状態を調べたりします。検査が必要であれば、血液検査や超音波検査、尿・便検査なども行います。治療は投薬が中心で、必要があれば、ビタミン剤や整腸剤などをえさに混入させて与えます。

　平さんが飼育を担当していない動物に異常があったときは、日々その動物に接している担当の飼育職員からよく話を聞いて、診察・治療を行います。このほか、健康管理のために、定期的に体重をはかったり、採血をして血液検査を行ったりしています。

　検査や治療は、動物に近づき、体にさわらなければできません。そのため平さんは、先端にプラスチックの円筒がついたターゲットという棒を使い、円筒にア

動物に苦い薬を飲ませるにはくふうが必要で、えさの魚の中に錠剤をまぎれこませて与えたりします。

ザラシやオットセイの鼻先をふれさせ、よくできたらホイッスル（犬笛）をふいてえさを与えるトレーニングをしています。そうすると、検査のときにターゲットで巧みに動物を誘導したり、注意をそらして体にさわったりするなどの診療を行うことができるのです。

近海で動けなくなっている野生動物を保護し、治療する

　水族館の裏手に広がる太平洋の沖合には、野生のオットセイやイルカなどがいます。これらの野生動物の首にプラスチックのリングなどがはまって動けなくなっている、というような通報を受けることがあります。こうした野生動物を保護し、けがをしていれば治療するのも平さんの仕事です。ガリガリにやせたオットセイが見つかると、感染症の疑いがあるので水族館まで運んで診察し、すぐに血液検査をします。

　漁師の網にからまって、おぼれかけたウミガメを保護することもあります。カメは肺呼吸なので水面に顔を出すことができないと、呼吸できなくなってしまうのです。また、海水温が低く低体温症となり、動けなくなっているカメの処置を行うこともあります。野生動物であっても、ふだん飼育している動物の健康状態を把握しているからこそ、正しい判断ができるのです。

えさの食べ方がいつもとちがっていたので、ターゲットで注意をそらしながら、オットセイのおなかに聴診器を当てて診察します。

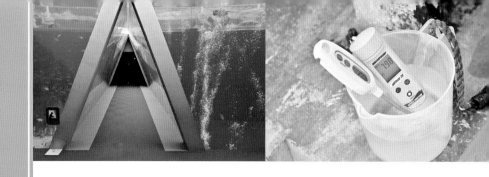

平治隆
たいらはるたか

さんの
1日

毎日、担当する海獣、海鳥の給餌、掃除などの飼育作業を中心に、動物によって必要な診察、治療を行います。

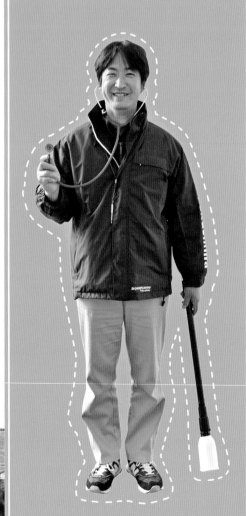

飼育を担当している海獣、海鳥を見回り、気温と水槽の水温をはかります。

6:15	8:20	8:30
きしょう	しゅっきん	そくおん
起床・朝食	出勤	見回り・測温

23:00	18:30	17:30	16:00
しゅうしん	きたく	たいきん	にっし　そうじ
就寝	帰宅・夕食	退勤	日誌を書く・掃除

飼育のようすなど、1日の出来事をまとめ、調餌室の掃除をすませます。

担当する動物の水槽を掃除して、便の状態などをチェックします。

冷蔵しておいたアジやホッケ、イカなどを常温にもどし、1頭ごとに決められた量を各バケツにふり分けます。

えさの魚のエラのあいだに錠剤をすべりこませ、薬を与える準備をします。

9時にオープンしたら、来場者の前で給餌を行います。動物にえさをやりながら、食べるようすをしっかりチェックします。

9:00 清掃

9:25 調餌

9:40 薬の準備

9:50 給餌

15:30 掃除・えさの準備

14:00 調餌・給餌

13:00 館内見まわり

12:00 昼食

11:00 診察・治療

担当動物の水槽を掃除してえさのバケツを洗ったあと、翌日のえさの魚類を解凍し、冷蔵しておきます。

担当以外の動物の展示室などものぞき、動物を観察します。

元気がないオットセイの顔色や目つきを調べ、診察の結果をカルテに記入します。

INTERVIEW （インタビュー）

平治隆 さんをもっと
（たいらはるたか）

**獣医になろうと思った
きっかけはなんですか？**

　小学生のころは生き物が好きで、近所の川でつかまえてきたザリガニなどを飼っていました。でも車に興味がうつって車を開発する仕事がしたいと思うようになり、大学も工学部を受験しましたが、失敗。浪人生活を送るなか、飼っていた犬が下痢をして動物病院に連れていったのですが、そこで治療をしてくれた獣医さんにあこがれをもちました。当時ブームになっていた『動物のお医者さん』というマンガにも影響され、獣医もいいなと思ったのがきっかけです。

**獣医になるために
どんな勉強をしましたか？**

　とくに力を入れて勉強したのは、じつは英語です。受験に失敗したのは英語ができなかったため、ということもありますが、獣医学部をめざす学生であれば、生物や化学はみんな当然勉強していますから、数学や英語をがんばったほうがいいだろうと考えました。英単語から見直して勉強しました。

**この仕事をしていてよかったと
思えるのはどんなときですか？**

治療した動物が回復し、元気にすごしているのを見

るのは何よりうれしいことです。命が生まれた瞬間に立ちあえることも、この仕事ならではの喜びだと思います。以前は出産が近づくと、24時間、交代でだれか1人が見はっていなければなりませんでしたが、今は、家でモニターを見ていて、いよいよ産まれるというときにかけつければよくなりました。思い出に残っているのはトドの出産。初産でしたが安産で、すっと産んでくれました。館内のほ乳類でははじめての繁殖だったので、感激もひとしおでした。

**水族館の獣医として
苦労することはなんですか？**

　飼育している動物の治療について、確立されているものが少ないことに苦労します。治療法が見えないなか手さぐりで治療しながらの処置になってしまうのはきびしいです。獣医1人があつかえる動物の種類には限度があるので、水族館の獣医同士で症例の検討会を行ったり、新しい治療について情報を交換したりして、診療の向上をはかるように協力し合っています。治療がうまくいって治ればよいのですが、治らなかったときには、やはりつらいです。

**印象に残っているできごとを
教えてください**

東日本大震災があった年の夏、腸をわずらっていた

知りたい

セイウチを失ったことです。病気の進行が早くて治療（りょう）が間に合わず、助けられませんでした。動物の命にかかわる仕事である以上、その死に直面するのは避（さ）けられないことですが、せつない思いでいっぱいになります。残念ながら命を落とした動物の死をむだにしないためにも、遺体（いたい）はしっかり解剖（かいぼう）して検証（けんしょう）し、その後の飼育（しいく）や治療（ちりょう）に役立てるようにしています。

救（すく）えなかった命もある一方で、トドの出産のように、生命をつないでいく手伝いができることは、うれしいですし、やりがいを感じます。自然界から切りはなされた水族館という特殊（とくしゅ）な環境（かんきょう）のなかで、動物たちが健康に育ち、次の世代へと生命をつないでいることは、動物が自然にいるのと同じように生活できていることを示（しめ）す指標となります。それが、正しい飼育（しいく）ができているということの証明（しょうめい）になると考えています。

アンナからの質問

診察中（しんさつちゅう）にかみつかれたりすることはないですか？

かみつかれたことは何度もあります。でもそれは、動物にしてみればあたりまえの行動なのです。動物病院に勤務（きんむ）していたときに、かまれるのはわたしが動物の動きをちゃんと見ていないからだと言われたことがあります。動物はいやなことをされるから反撃（はんげき）しているだけなのです。動物に接するときは、動物の気持ちをしっかりと考えて行動することが必要です。

わたしの仕事道具

ターゲットと
ホイッスル

大形（おおがた）の動物の健康診断（しんだん）や治療（ちりょう）をするときに欠かせない道具です。ターゲットを動物の鼻先にふれさせて誘導（ゆうどう）しながら体重計にのせたり、ターゲットに集中させているあいだに体をさわったり、採血（さいけつ）したりします。ホイッスル（犬笛）は、うまくできてほめるときにふきます。

みなさんへのメッセージ

犬や猫（ねこ）を飼（か）う人がふえるなか、捨（す）ててしまう人も目立ちます。生き物を飼うなら、最後まで生かしてあげる責任（せきにん）をもってほしいです。生き物を通して生命の大切さを感じてもらえたらうれしいです。

平治隆さんの
今までとこれから

プロフィール

1971年千葉県生まれ。大学浪人中に獣医の仕事に興味をもち、1991年に日本獣医畜産大学（現・日本獣医生命科学大学）に進学。魚病学研究室で魚の治療法などを学び、卒業後は動物病院勤務を経て、1998年にアクアマリンふくしまに入社。獣医として水族館の動物の診療と飼育を行っています。

1971年誕生

10歳

近所の川でつかまえてきたハゼやザリガニを家で飼い、ムツゴロウ動物王国ではたらくことを夢みていた。

14歳

同じ名字の平忠彦というレーサーが活躍しているのを見てあこがれ、自動車やバイクに興味をもつ。

18歳

自動車を開発する仕事につきたいと考え、大学は工学部や理工学部を受験したが失敗し、浪人生活を送る。

今につながる転機

高校時代に公園で拾って飼っていた犬を動物病院で治療してもらった経験から獣医になることを決意。大学の獣医学部を受験し、入学する。

19歳

21歳

魚の治療も獣医が行うことを知り、大学3年次から魚病学研究室で学び、水族館ではたらくことを考える。

水族館の獣医の募集がなく、卒業後は千葉県の動物病院に就職。翌年アクアマリンふくしまで募集があり、獣医として採用される。

27歳

現在

50歳

水族館にいるすべての生物の健康管理、診察、治療に加え、海獣や海鳥類の飼育も行っている。新しい種類の動物が次々とやって来るため、毎日勉強や調査を続けている。

未来

65歳

今水族館にいる動物たちを、その寿命がくるまで生かしたい。そして、安心してあとをまかせられる人を育ててから退職したい。

平治隆さんがくらしのなかで大切に思うこと

たいらはるたか

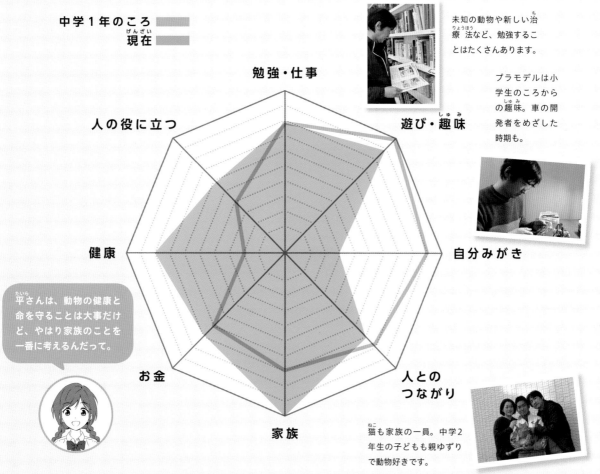

中学1年のころ
現在（げんざい）

勉強・仕事

人の役に立つ

健康

お金

家族

人との
つながり

自分みがき

遊び・趣味（しゅみ）

未知の動物や新しい治療法（ちりょうほう）など、勉強することはたくさんあります。

プラモデルは小学生のころからの趣味（しゅみ）。車の開発者（かいはつ）をめざした時期も。

猫（ねこ）も家族の一員。中学2年生の子どもも親ゆずりで動物好きです。

平さんは、動物の健康と命を守ることは大事だけど、やはり家族のことを一番に考えるんだって。
たいら

平治隆さんが考えていること

たいらはるたか

獣医同士（じゅういどうし）が協力しあって動物たちの治療（ちりょう）にあたる

　20年以上仕事をしてきましたが、水族館の獣医（じゅうい）はさまざまな種類の動物を相手にしているため、今もわからないことばかりです。ほかの水族館や動物園、動物病院の獣医（じゅうい）と連絡（れんらく）をとりあい、どのように治療（ちりょう）したら治すことができるのかを相談し、アドバイスを受けたりします。海洋生物の分野は治療法（ちりょうほう）

が確立（かくりつ）されていない場合が多いので、獣医同士（じゅういどうし）が協力しあうことが重要なのです。そのために、つねに多くの獣医（じゅうい）とコミュニケーションをとるように心がけています。
　現在（げんざい）アクアマリンふくしまには、世界で1頭しか飼（か）われていないオスのクラカケアザラシがいます。ペアとなるメスがいなければ実現（じつげん）しませんが、他館などから情報（じょうほう）も得（え）ながら、将来的（しょうらいてき）には繁殖（はんしょく）につなげたいと考え、検査（けんさ）や調査（ちょうさ）を行って準備（じゅんび）をしています。

PET GROOMER

トリマー

犬の毛のカットは
むずかしいの？

?

トリマー
って？

?

どうやって動物を
おとなしく
させるの？

?

動物がいやがったら
どうするの？

?

トリマーってどんなお仕事？

トリマーは主に犬や猫を中心とした「動物の美容師」です。飼い主からペットをあずかって、毛をカットする「トリミング」をするだけでなく、つめ切りや耳の掃除、歯みがきなどの身だしなみを整え、簡単な健康チェックも行います。

動物の種類や個体によって性格や毛質などがちがうので、トリマーには幅広い専門知識や技術が必要です。また、飼い主からカットの要望を聞いたり、しつけや食事など、飼育全般に関する相談に乗ったりすることも多いので、動物と人間、両方とのコミュニケーションが大切になります。

トリミングを専門で行うサロンやペットショップ、動物病院などではたらくほか、出張訪問を専門とするトリマーもいます。

給与
（※目安）

18 万円
くらい〜

ペットサロンやペットショップなど店舗ではたらく場合の初任給は少なめですが、経験を積みチーフや店長になることで給与をあげることも可能です。

※既刊シリーズの取材・調査に基づく

トリマーに なるために

ステップ① **トリミングについて 専門学校で学ぶ**
トリミングの知識や技術が身につく専門学校や養成機関で、専門的に学ぶ。

ステップ② **ペットサロンなどに 就職する**
ペットサロンやペットショップ、動物病院などでトリマーとして経験を積む。

ステップ③ **トリマーとして活躍**
指名されたり、独立して店を開いたり、店はもたずお客さまの家に出張したりする人も。

こんな人が向いている！

動物が好き。
動物の世話が得意。
人と話すのが好き。
手先が器用。
体力がある。

もっと知りたい

トリマーになるために必要な免許や資格はありませんが、専門学校や養成機関で専門知識を学ぶ必要があります。また、一般社団法人ジャパンケネルクラブが設けている「JKC公認トリマー」の資格を取得すると、採用時に有利になることもあります。

トリマー 加藤利咲さんの仕事

犬と目を合わせ、話しかけながら笑顔でカットする加藤さん。犬も安心して気持ちよさそうにしています。

飼い主に話を聞きながら
ていねいに向き合う

　加藤さんは飼い主の家に出張してトリミングを行う、出張専門のトリマーです。ペットサロンなどの店舗が苦手だったり、ペットがシニアで持病があったりするなど、お店ではトリミングができない小形犬を中心に予約を受けつけていて、現在はほぼ常連のお客さまでいっぱいです。

　加藤さんのもとに飼い主からメールやラインなどで問い合わせが入ると、訪問する日時を決めます。訪問

する日は、飼い主に犬の体調がよいか確認を入れてから決め、当日は「これからおうかがいします」とメッセージを送ってから向かいます。

　訪問先に到着したら、まずは飼い主に前回の施術から変わったことはないか、希望のカットはないかなどを聞きながら、犬の様子や全身をチェックしてけがなどがないか確認します。問題がなければ洗面所やお風呂場、キッチンなどに移動し、さっそく施術をスタートします。毛を短く仕上げる場合は、先に全体をバリカンやハサミで大まかにカットする「あら刈り」をすることで、そのあとの施術時間を短縮できます。あ

16

ら刈りがすむと、足先の毛をバリカンでカットして、つめを短く切り、耳の掃除をしたら、シャンプー前の下準備が完了です。

　次に、クレンジングオイルで地肌のよごれを落として、やさしくていねいにシャンプーを行い、保湿をしてからタオルでふいて軽くかわかします。ここまで終わると、一度おやつをあげて自由に歩き回らせるなどして休憩をはさみ、いよいよカットに入ります。

　ドライヤーで全体をかわかしてから、数種類のハサミを使って、ていねいにカットしていきます。負担をかけないよう、できるだけ犬に無理のない体勢にして、加藤さんが動きます。仕上げが終わったら最後に歯みがきをします。飼い主に前回と変わったところや今回はじめて行ったことなど、特別なことがあれば報告をし、片づけと会計をして終了です。1件のトリミングは約3時間。じっくり時間をかけて行います。

犬がいやがるときは環境を変えて対応する

　動物相手なのでスムーズにいかないこともあります。そのため加藤さんは、「応用行動分析学」という心理学にもとづいた手法を実践しています。これは、犬ご

シャンプーやクレンジングオイルなどは成分にとことんこだわり、肌や毛に優しいものを使います。

とに行動や反応の理由を考え、その犬に合った環境をつくり、安心して施術を行えるようにする方法です。

　加藤さんは、訪問してもすぐに犬に話しかけたりさわったりせず、犬の行動をよく観察します。犬が自分から近づいてくるようなら、積極的に話しかけるなどの対応をしますが、こわがったり警戒していたりする場合は、飼い主がよく使う言葉をまねして、だっこしたりほめたりして犬に安心してもらうようにします。

　施術中にほえたりいやがったりする場合は、いやがらない方法をその場で探ります。たとえば、皮膚が敏感でシャンプーをいやがる犬の場合は、やさしい成分のシャンプーを使って保湿を念入りにし、ドライヤーも低温にします。床が冷たくていやがっている場合は、タオルをしいたり、ひざの上にのせてみたりしてみます。このように、環境を変えることによって、犬に無理をさせずにうまく対処できることも多いのです。また、施術のときは必ず動画を撮影していて、犬が少しでもいやがる反応をしていたら、あとで動画を見直し、なぜそうした反応をしたのか、改善するにはどうすればよいかなどを研究します。

　加藤さんは、よい環境を整えるために、飼い主とのコミュニケーションを積極的に行って、その犬のことを知るようにしています。できるだけ快適なトリミングができるよう日々工夫を重ねているのです。

飼い主の家に着いたら、まずは犬の様子をじっくり観察して、近づいてきたら笑顔で応対します。

RISA'S 1DAY

加藤利咲(かとうりさ)さんの

1日

トリミングは1件(けん)につき3時間かかるため、だいたい1日に2回、午前中と午後に分けて行います。

午前の訪問(ほうもん)先に、犬の体調や訪問(ほうもん)時間を確認(かくにん)するメッセージを送ります。

トリミングの道具一式が入ったリュックを背負(お)い、電車か自転車で移動(いどう)します。

8:00
起床(きしょう)・朝食

9:00
出発

24:00
就寝(しゅうしん)

23:00
手帳の確認(かくにん)

21:30
夕食・入浴

手帳を見て、次の日のスケジュールを確(かく)認(にん)します。時間があれば読書も。

23:00

10:00

シャンプーの前にあら刈りをし、足先の毛もカット。安全に行うようよく注意をします。

終わったら写真を撮り、今日の様子などをスマートフォンのメモ機能に記録します。

午後の訪問先に確認のメッセージを送ります。

10:00
訪問先でトリミング

13:00
トリミング終了

13:30
昼食・休憩

20:00
動画編集・カルテ作成

19:00
帰宅

18:00
トリミング終了

15:00
訪問先でトリミング

トリミング中の動画を見返したり、短く編集して飼い主に送ったりします。犬の様子などを記録したカルテは飼い主と共有します。

付き合いの長い常連客が多いため、終了後の会話も楽しい時間です。

飼い主と犬にあいさつをすませたら、トリミングを開始します。

20:00

INTERVIEW （インタビュー）

加藤利咲さんをもっと

なぜこの仕事を選んだのですか？

子どものころから動物が好きで、将来は動物関係の仕事につきたいとずっと思っていました。高校生のときは介助犬のトレーナーをめざしていて、希望する大学に見学に行ったとき、そこの教授からその仕事なら専門学校がいいといわれ、動物専門学校に進みました。

動物専門学校では、トリマーと看護師、トレーナーの知識や技術を学びました。卒業後、早く自立することも考え、看護師兼トリマーとして動物病院に就職しました。その後、トリミングサロンでトリマーのアルバイトをする機会があり、そこで看護師の知識をもったトリマーが意外と少ないことがわかりました。獣医師ではないため診察はできませんが、ちょっとした健康相談にのって、アドバイスすることはできる、それを強みにしたトリマーをめざそうと決意しました。

この仕事の楽しさはどんなところにありますか？

わんちゃんごとに性格やその日の体調がちがうので、毎回じっくりと向きうことで、その日に何をどうすればいいかがわかります。この仕事は決まりきったことがなく、つねに新鮮なんです。また、毎回トリミングの動画を見直して、「どうすればわんちゃんに無理をさせず、よりカットの仕上がりをよくできるか」を考

えています。そこで思いついた方法を実践し、うまくいったときは、たまらなくうれしいです。

この仕事で大変なことはなんですか？

飼い主さんから「このようにカットしてほしい」とオーダーされても、わんちゃんの体力や集中力が続かないときがあります。いろんな方法を試しますが、それでもだめな場合は飼い主さんと相談し、できるだけわんちゃんを優先して無理をさせないようにします。これが正解というものがないので、満足のいく対応ができたとはいえないことも多く、どうしたらいいか、日々研究や勉強を重ねています。

この仕事で印象に残っていることはなんですか？

25歳のとき、はじめて犬を飼いました。白いトイプードルで「はぐみ」と名づけました。ちょうど自分の店舗をオープンしたばかりで、売り上げや時間に追われ、心身ともに余裕がない時期で、しかも「トリマーの飼っている犬は、いい子じゃなければいけない」と思い込んでしまい、はぐみをきびしくしかることがありました。そんな自分になやんでいたときに出会ったのが応用行動分析学です。生まれもった自分の性格や、ついしかってしまうことは自分の意志だけでは変

知りたい

えられず、そうならない「環境」をつくることが大事だと気づきました。心身が追い込まれる環境からはなれると、その問題がスッと解消したのです。はぐみは若くして他界してしまいましたが、今でもたくさんのことを教えてくれる大切な存在です。

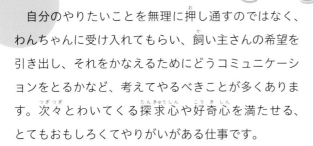

この仕事のやりがいはなんですか？

　自分のやりたいことを無理に押し通すのではなく、わんちゃんに受け入れてもらい、飼い主さんの希望を引き出し、それをかなえるためにどうコミュニケーションをとるかなど、考えてやるべきことが多くあります。次々とわいてくる探求心や好奇心を満たせる、とてもおもしろくてやりがいがある仕事です。

アンナからの質問

犬がおとなしくしてくれないときはどうするの？

　わんちゃんは犬種や個体差もありますが、だいたい人間の3歳の子どもと同じくらいの知能といわれています。いやがって動きまわったり、思うようにならなかったりするのは当たり前なんです。なので、3歳の子どもに接するように、何をしたら喜ぶか、どうしたら好きになってくれるかを考え、まずは仲よくなれるように一緒に遊んですごします。

わたしの仕事道具

ハサミ

犬種によって毛質が異なり、仕上げる部分でもカット方法が変わるため、7種類のハサミを使い分けています。たとえば、丸くカットするには刃先がカーブしたハサミ（右）、全体を軽くするにはすきバサミ（左）など機能はさまざま。定期的に専門家に研いでもらいます。

みなさんへのメッセージ

楽しそうに見えて、じつは楽しいばかりではなく、簡単にいかないことも多くあります。でも、わんちゃんの素直な心や反応にふれて癒やされることも多く、喜びを感じながらできる、とても魅力的な仕事ですよ。

加藤利咲さんの今までとこれから

プロフィール

1986年、神奈川県生まれ。ヤマザキ動物専門学校を卒業後、看護師兼トリマーとしてはたらくうち、本格的にトリマーをめざすことに。2017年に出張専門トリミング「andHUG」を開業。トリマー以外にペットサロンのコンサルティングや獣医療向けスキンケア製品のアドバイザーとしても活躍中。

1986年誕生

7歳
自分の家で犬が飼えなかったため、友だちと近所の犬のいる家をめぐっていた。

今につながる転機

17歳
ヤマザキ動物専門学校について調べ、体験入学でトリマー体験をする。学校に犬がいること、きれいな校舎、学ぶ内容すべてにワクワクした。

反対する親を説得し、念願のヤマザキ動物専門学校に入学。勉強も実習も楽しく、充実した日々をすごす。
18歳

20歳
動物病院にトリマー兼看護師として就職。自分より年上の動物、飼い主さんとの接し方などを深く学んだ。

白いトイプードル「はぐみ」と出あい、はじめて自分の犬を飼う。
25歳

26歳
知人の援助を受け、東京・豊洲のトリミングサロン「doghug」1号店の店長をつとめる。

30歳で「andHUG」を開業し、出張専門のトリマーとして独立してから、常連のお客さまをふやしていっている。
現在
35歳

未来
40歳
犬のバリアフリーに貢献する事業を立ち上げ、犬と人間がよりよく生きられる社会をつくる。

22

加藤利咲さんがくらしのなかで大切に思うこと

中学1年のころ ▬▬▬
現在 ▬▬▬

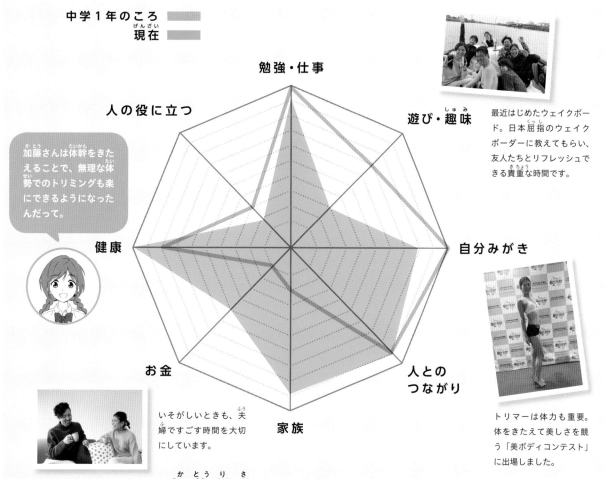

最近はじめたウェイクボード。日本屈指のウェイクボーダーに教えてもらい、友人たちとリフレッシュできる貴重な時間です。

勉強・仕事

人の役に立つ

遊び・趣味

加藤さんは体幹をきたえることで、無理な体勢でのトリミングも楽にできるようになったんだって。

健康

自分みがき

お金

人とのつながり

家族

いそがしいときも、夫婦ですごす時間を大切にしています。

トリマーは体力も重要。体をきたえて美しさを競う「美ボディコンテスト」に出場しました。

加藤利咲さんが考えていること

人と犬がもっと共存できるやさしい社会をつくりたい

最近、仕事を通じてたくさんのわんちゃんや飼い主さんと接するなかで、人間と犬がともにくらしていくうえでの障壁（バリア）をなくす、「犬のバリアフリー」に興味をもつようになりました。

わんちゃんは家族の一員でありながら、家族の記念日をお祝いするようなちょっと特別なレストランには入ることができません。ある結婚式場では、わんちゃんは会場に入れず、「荷物」としてあずけられてしまうと聞きました。もっとさまざまな場所やシーンで、人とわんちゃんが共存できるような、寛容な世の中になったらいいなと感じています。

そんな社会を実現するため、わたしもさまざまな分野の人と協力して、たとえばわんちゃんと入れるフレンチレストランをつくるなど、何かしらの事業にかかわっていきたいなと考えています。

ANIMAL KEEPER

動物飼育員

どんなふうに
動物の世話を
するの？

?

動物飼育員
の資格はある？

?

どんな勉強を
すれば
いいの？

?

何種類くらいの
動物を
担当するの？

?

動物飼育員ってどんなお仕事？

　動物飼育員は、動物園や動物を展示しているテーマパークなどでくらしている動物たちの世話をします。動物たちの命をあずかる、とても責任の大きな仕事です。特徴のちがうさまざまな動物たちが、動物園で健康で快適に生活していけるように、毎日えさをあげたり、くらしている場所の掃除をしたりしながら、病気になっていないかどうかなどの健康状態のチェックもしています。また、動物園にやって来たお客さまに、担当する動物のことを知ってもらうため、見せ方を工夫したり、解説を行ったり、生き物の観察会や講演会などのイベントを行ったりすることも大切な仕事です。そのほか、担当する動物について、より深い知識を得るために観察・研究も行っています。

給与
（※目安）

15万円

くらい〜

　公立の動物園で公務員としてはたらく場合、民間の動物園の場合、非常勤の場合など、はたらいている場所やはたらく形態によって収入にちがいがあります。

※既刊シリーズの取材・調査に基づく

動物飼育員になるために

ステップ 1　学校で動物に関することを勉強する

大学や短大の獣医学科や畜産学科、動物飼育系の専門学校などで動物について学ぶ。

ステップ 2　採用試験を受ける

公立の動物園の場合は、公務員試験を受けることになるが、募集はあまり多くない。

ステップ 3　担当をもち飼育する

動物園などで、担当する動物の世話をする。公立動物園の場合は、何年かごとにほかの動物園に異動することがある。

こんな人が向いている！

動物の世話が好き。

動物に興味がある。

気配りが上手。

がまん強い。

好奇心が強い。

もっと知りたい

　資格は必要ありませんが、動物の性質、飼育の方法などに関する知識を身につける必要があります。動物について学べる学校を出ているか、動物をあつかう「愛玩動物飼養管理士」や、飼育に関する「飼育技士」などの資格があると強みとなります。

動物飼育員 伊藤達也さんの仕事

アカゲザルのえさは野菜中心のヘルシーなもので、食材を細かくきざんで準備します。

ちょうどよい距離感で
動物たちの世話をする

　伊藤達也さんは、東京都立の井の頭自然文化園で動物飼育員をしています。ここでは、2人が1チームとなって複数の動物を担当していて、伊藤さんはアカゲザルとヤクシカ、ニホンカモシカ、カタマイマイというカタツムリの仲間の飼育を担当しています。

　伊藤さんの仕事は、担当する動物の健康チェック、給餌（えさやり）、飼育場所の掃除や修理などで、動物たちの世話に多くの時間が費やされます。伊藤さん

は、出勤するとまず担当する動物たちを見まわり、けがをしたり、具合が悪かったりする動物がいないかをチェックします。確認したら、給餌と飼育場所の掃除です。掃除は午前中に行い、給餌は午前と夕方など、動物ごとに様子をみながら行います。

　給餌では、動物たちが太りすぎたりやせすぎたりしないように量を考え、栄養面にも配慮します。たとえば、サルのえさはバナナと思われがちですが、バナナように栄養価の高いものだと太って病気になる危険があるので、野菜を中心としたヘルシーなものを与えています。えさを与えるときには、群れのなかの動物た

26

ちがかたよりなく食べられるようえさを小さく切って、広い場所にばらまいて与えるなどの工夫をします。

掃除は、動物たちがくらす場所を清潔にし、危険なものがあればとりのぞいて、病気やけがをしないようにすることが目的です。排泄物を見て、健康状態も確認します。感染症をふせぐため、飼育場所を消毒することもあります。

また、最近では動物の生活が単調にならないよう、動物によって環境を変えて刺激を与える取り組み（エンリッチメント）を行っています。1日のえさの回数を変えたり、新しい遊具を考えてつくったりするなどさまざまな方法を試します。どのように動物に刺激を与えるか、そのために必要なものはなにか、伊藤さんはいつも考えています。

動物飼育員は、動物にとって近い存在ですが、動物との距離感を考える必要があります。動物が人に慣れていると、より近くで観察でき、ストレスをかけずに病気やけがの治療ができます。一方で、慣れすぎると野生とはちがう行動や習性が出てしまったり、仲間から孤立してしまったりする可能性があります。ある程度は人に慣れていないと、飼育員の世話や、来園者に見られることにストレスを感じてしまうので、伊藤さんは、それぞれの動物にとって慣れすぎない、ちょうどいい距離を考えながら世話をしています。

動物たちがけがをしないように、危険なものが落ちていればとりのぞき、飼育場所の掃除を行います。

冬になって毛がぬけてしまったアカゲザルの様子を観察して、原因をつきとめるための情報を集めます。

動物の知識をわかりやすく伝え
担当動物の調査研究も行う

動物園は、動物を来園者に見せてその生態を知ってもらう教育機関でもあります。動物の世話だけではなく、担当する動物の習性がわかりやすく来園者に伝わるような展示の仕方を考えたり、説明を表示する看板の原稿をつくったり、ＳＮＳなどで情報の発信をしたりするのも伊藤さんの仕事です。来園者への解説やイベントを企画して行うこともあります。

担当動物に関する調査研究も大事な仕事です。野生の動物にくらべると、動物園にいる動物は観察がしやすいという利点があるため、動物の生態など幅広い調査研究が動物園で行われているのです。研究は、大学などの研究機関と連携して行うこともあります。

伊藤さんは、担当するカタマイマイとアカゲザルの調査研究を行っています。カタマイマイでは、温度による成長速度のちがいを研究しています。温度によって成長速度を変えることができれば、繁殖可能な期間を調整することが可能になり、希少なカタマイマイを効率よく繁殖させることができると期待されています。また、アカゲザルでは、秋から冬に毛がぬけてしまい、寒い冬を快適にすごせないことがあるので、その原因を調査しています。

伊藤達也さんの1日

給餌や掃除など、動物たちの様子を見ながら世話をしてまわっている、伊藤さんのある1日を見てみましょう。

出勤したら前日の日誌を確認したり、メールのチェックをしたりして、事務作業をします。

飼育場所をまわって動物の状態を確認。展示看板がよごれていたら清掃し、カタマイマイの水槽を展示場に出します。

6:00
起床・朝食

8:30
出勤・事務作業

8:45
担当動物の見まわり・カタマイマイを展示

23:00
就寝

18:00
帰宅・夕食

17:15
勤務終了

17:00
事務作業・シャワー

夕食のあと、家で飼っているカタツムリや植物の世話をします。

日誌をつけたら、感染防止対策のため、必ずシャワーをあびて帰ります。

9:15 13:00

軽く掃除してから
えさをやり、食べ
ている様子を観察
します。

軽く掃除をしてからえ
さをやり、食べている
様子を観察した後、飼
育場所をしっかり掃除
します。

カモシカ・ヤクシ
カの飼育場所を掃
除します。

1匹ずつ飼育ケースに入
ったカタマイマイにナ
スを与えて、様子を観
察します。

9:00
カモシカ・
ヤクシカの給餌

9:15
アカゲザルの
給餌・掃除

10:45
飼育場所の
掃除

12:00
昼食・
休憩

13:00
カタマイマイの
給餌・掃除

16:50
カタマイマイの
水槽を下げる

16:30
アカゲザルの
給餌

16:00
カモシカ・
ヤクシカの給餌

15:00
事務作業・
イベント準備

14:30
アカゲザルの
給餌

カタマイマイの水槽を展示場
から下げ、状態を確認します。
担当する獣舎の鍵がかかって
いるかも確認します。

カモシカへの給餌では、えさ
となる葉がついた枝を、自然
に生えているような状態で置
いておきます。

動物たちの記録の整理
や、予定している園の
イベントの準備などを
行います。

16:00 15:00

INTERVIEW インタビュー

伊藤達也さんをもっと

動物飼育員になろうと思った
きっかけはなんですか？

　小さいころから家で猫やカメなどを飼っていたこともあって、動物が大好きで将来は獣医になりたいと思っていました。小学校5年生のとき、夏休みの自由研究で、水族館に関する記事のファイリングをしていたのですが、その記事の著者に会って話をすることができ、水族館に興味をもつようになりました。水族館の飼育員になりたくて、がんばって大学の獣医学科に入りましたが、じつは水が苦手で水族館ではたらくのはあきらめました。しかし、日本の絶滅危惧種の動物たちの保全活動への関心が強くなり、動物園の就職をめざしました。

この仕事で大変なことは
どんなことですか？

　何よりも大変なのは、動物が相手ということです。動物たちは言葉で自分の気持ちや体調を教えてはくれないので、表情や毛なみ、動く様子、えさの食べ残しや排泄物などをよく観察して、今どんな状態なのかを推測しなければなりません。また、生き物なので、時期を問わず、1年中仕事があることも大変です。もちろんお休みはありますが、仕事中はほとんど体を動かす作業ばかりなので、体力がものをいう仕事だといつも思っています。

この仕事の楽しさややりがいは
どんなところにありますか？

　動物飼育員は、担当する動物たちを毎日そばで見ることができます。動物たちが子どもを産んだり、いきいきと元気にくらしたりする様子を見ることが、この仕事の大きなやりがいです。工夫して動物たちの世話をしていると、毎日新しい発見があるので楽しいです。また、訪れた人に動物たちが実際にくらしている姿を見てもらうことは、動物園の大切な役割の一つです。動物飼育員は、自分が担当する動物が、どうすれば野生に近い姿のまま、来園者の方に興味をもって見てもらえるのかということを、いつも考えています。その工夫が伝わって、来園者の方に動物に対して興味をもってもらえるととてもうれしく、またやりがいを感じます。

印象に残っていることがあれば
教えてください

　これまでに何種類もの動物を担当してきたので、印象に残っていることは多いですね。とくに印象深かった体験は4つあります。1つめは、多摩動物公園でトナカイの繁殖に立ちあったことです。担当して最初の2年は、生まれた赤ちゃんがうまく育たなかったのですが、いろいろ方法を変えてみることで3年目にやっとうまく育ってくれたのがうれしかったです。2つ

知りたい

めはゾウを担当していたときのことです。知能の高い
ゾウは、油断しているとすぐに鼻で攻撃しようとして
くるので、何度もヒヤリとしたことがあり、動物をあ
つかうむずかしさを体験しました。3つめは、高齢で
重い病気をもったトナカイとアカゲザルを飼育したこ
とです。治療の方法や日々のすごし方など、どうした
ら一番いいのか考え、同僚たちと協力して世話をしま
した。しかし今でも正解はわからず、動物を飼育する
ことのむずかしさを知りました。4つめは、アメリカ
の動物園で研修したときのことです。現地の飼育員た
ちと一緒に仕事をして、国や文化がちがっても、「動
物たちに健康で快適なくらしを送ってほしい」という
動物飼育員としての目標が同じであることを実感しま
した。

　動物飼育員になるとほ乳類だけでなく、鳥類、は虫
類など、いろいろな生き物の担当になる可能性があり
ます。ぼくも、飼育経験のないカタマイマイの担当に
なりました。ですから、いろいろな動物に対して興味
をもつといいですね。動物を知ろうと思ったら、図鑑
やインターネットだけでなく、実際に見ることも大切
です。見てみることで、興味が広がると思います。

わたしの仕事道具

デジタル
カメラ

動物の様子を記録するために、仕事中
はいつも持ち歩いています。飼育の担
当者がかわることもあるので、写真で
その動物の様子を残しておくことは大
切です。また、撮った写真をSNSなど
で発信するときにも使っています。

みなさんへの
メッセージ

動物園の動物たちは、ただ飼育されている
のではなく、ぼくたちにいろいろなことを
教えてくれる存在です。ぜひ動物園に動物
たちを見に来て、興味のある動物に出あっ
たらくわしく調べてみてください。

伊藤達也さんの
今までとこれから

プロフィール

1989年東京都生まれ。麻布大学獣医学部で動物行動管理学を学びました。卒業後、東京動物園協会に就職。上野動物園で動物飼育員としてはたらきはじめ、その後、多摩動物公園に異動し、アジアゾウなどを担当。2020年に井の頭自然文化園に異動。中学校から大学まではバスケットボールにあけくれていました。

1989年誕生

5歳 ……… アニメ「ミュータント タートルズ」に熱中して、家でカメを飼いはじめる。

10歳 ……… 夏休みの自由研究で水族館について調べる。そのときに集めた記事の著者に会って、水族館に強く興味をもつ。

18歳 ……… 大学の獣医学部に入学し、動物について学ぶ。

今につながる転機

大学で学ぶなかで、たくさんの動物について知りたいという思いが強くなり、飼育員になることを決意する。 ……… **20歳**

22歳 ……… 動物園に就職する。最初の担当動物は、上野動物園のモルモットやウサギだった。

現在

小笠原にすむ希少なカタツムリ（カタマイマイ）の担当になったことで、希少動物を守るための取り組みを行うようになる。 ……… **32歳**

未来
55歳 ……… 多くの動物を守り育てながら、動物園をより魅力ある施設にしたい。

伊藤達也さんがくらしのなかで大切に思うこと

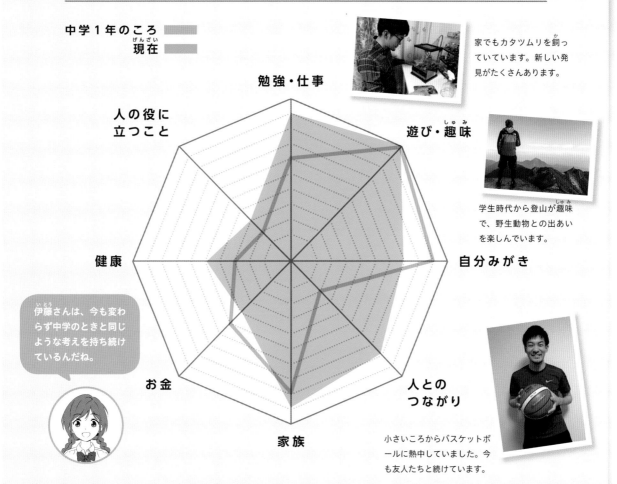

中学1年のころ
現在

勉強・仕事

人の役に
立つこと

遊び・趣味

家でもカタツムリを飼っていています。新しい発見がたくさんあります。

自分みがき

学生時代から登山が趣味で、野生動物との出あいを楽しんでいます。

健康

伊藤さんは、今も変わらず中学のときと同じような考えを持ち続けているんだね。

人との
つながり

お金

家族

小さいころからバスケットボールに熱中していました。今も友人たちと続けています。

伊藤達也さんが考えていること

動物や先輩たちからの教えを大事にして世話を続けています

「飼われている動物」にとっては、「飼っている人」の存在がすべてになります。動物園では飼育員が努力しなければ、動物が快適なくらしをすることはできません。ぼくたちは毎日同じことをくり返すのではなく、動物たちの様子を観察して状態を推測し、動物にとって今よりよい環境をつくろうと工夫を重ねています。言葉を話さない動物の状態を知ることはむずかしいですが、動物を長い間見てきた先輩たちの話や、これまで担当した動物から教えてもらったことを大切にして、毎日の世話を続けています。

また、動物園での飼育作業は体を動かすことが多いので、体調管理には気をつけています。動物の異常を発見しても、自分が元気に動けなければケアすることができません。休日にはしっかり休み、適度に体を動かすことを意識しています。

PET SHOP CLERK

ペットショップスタッフ

動物が好きな人
が多いの？

?

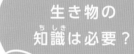

生き物の
知識は必要？

?

どんなスキルが
必要なの？

?

お店の生き物の
具合が悪くなったら
どうするの？

?

ペットショップスタッフって どんなお仕事？

ペットショップは、大きく2種類に分けられます。犬猫、ウサギ、鳥などの毛や羽根のある動物をあつかうお店と、熱帯魚や爬虫類などの毛のない動物をあつかうお店です。熱帯魚や爬虫類などの専門店にくらべると、犬猫をあつかうお店が多くをしめています。仕事は、接客・販売が基本となりますが、生き物をあつかうため、その世話や体調管理が必要で、お店を清潔にたもつための清掃も欠かせません。また、飼育に必要なえさやグッズの販売、在庫のチェックや仕入れなどの商品管理を並行して行います。さまざまな生き物をあつかうため、その生態や飼育方法など、幅広い知識が必要です。また、売り上げを上げるためのビジネススキルももとめられます。

給与
（※目安）

15万円
くらい〜

店舗の規模によって差があります。未経験の場合、低いことが多いですが、一人前になって売り上げに貢献したり店長になったりすると、年収も期待できます。

※既刊シリーズの取材・調査に基づく

(ペットショップ スタッフになるために)

ステップ 1　生き物について 学ぶ

大学や専門学校で知識やスキルを学んだり、ペットショップでアルバイトをする人も。

ステップ 2　ペットショップに 就職する

ケージや店内の掃除からはじめ、えさやりなど飼育や体調管理などを行う。

ステップ 3　仕入れを行う

仕入れができると一人前。売り場の在庫数を把握できると、仕入れが可能になる。

こんな人が向いている！

人と話すのが好き。
生き物の世話が好き。
交渉力がある。
冷静に判断できる。
地道に努力ができる。

もっと知りたい

必要な資格はないですが、お店であつかう生き物に関する専門知識を身につけていたり、飼育経験があると有利です。販売に関して、値段を交渉する能力や語学、宣伝力など、人より秀でた専門知識やスキルがあると強みになります。

ペットショップスタッフ
轟元気(とどろきげんき)さんの仕事

展示用(てんじょう)の水槽(すいそう)と魚や水草の販売用(はんばいよう)の水槽(すいそう)、合計150台を見てまわり、魚の体調を確認(かくにん)します。

魚の体調管理をして、えさやりなどの世話をする

　淡水魚(たんすいぎょ)（塩分をふくまない川などに住む魚）や水草をあつかうアクアリウムショップではたらく轟元気(とどろきげんき)さんは、魚や水草、飼育(しいく)に必要な機材をお客さまにすすめるなどの仕事をしています。お店にくるお客さまは、きれいにレイアウトされた水草のなかで泳ぐ魚をながめたくて、魚や水草を購入(こうにゅう)する人がほとんどです。そのため、売り場の水槽(すいそう)はレイアウトの手本としたくなるような、魅力(みりょく)あるものにしています。

　轟(とどろき)さんは、お店に出社するとまず、店内にある水槽(すいそう)をひと通り見てまわり、具合の悪そうな魚はいないか、死んでしまった魚はいないかなどをチェックします。具合の悪そうな魚がいれば薬をやり、死んでいる魚がいればその魚をとりのぞきます。まわりながら、水の交換(こうかん)が必要な水槽(すいそう)についても、目星をつけておきます。変え時は、長年の勘で判断(はんだん)します。

　魚の体調確認(かくにん)が終わると、えさやりです。水槽(すいそう)のなかには、複数(ふくすう)の種類の魚が泳いでいます。えさをすばやく食べる魚もいれば、ゆっくり食べる魚もいます。そのため、どの魚にもまんべんなくえさが行きわたる

36

よう、何種類かのえさを用意して、えさやりをします。

　えさやりが終わると目星をつけた水槽の水を交換して、きれいにします。水槽の水はすべて変えてしまうと、環境の変化に対応できずに死んでしまう魚がいるので、全体の3分の1の水だけ交換します。このとき、轟さんは、あえて真水などの特別な水を用意せず、塩素を取りのぞく塩素中和剤を入れた水道水を使っています。お客さまが購入後に自宅で飼育をするとき、世話がしやすいように気を配っているのです。

お客さまの飼育環境に合わせて商品や機材をすすめる

　店には水槽の数が多いので、魚の世話を続けながら接客をしています。来店するお客さまには、はじめて魚を飼育する人もいれば、魚の飼育はすでにしていてもっと見ばえをよくしたい、魚をふやしたいと相談にくる人もいます。たとえば、メダカを飼っているお客さまから、熱帯魚も入れて美しい水槽にしたいと相談された場合は、お客さまがどんな水槽や機材をもっているか、飼育環境を聞き出します。熱帯魚を飼う環境がそろっていない場合は、水を温めるヒーターなど、必要な機材もすすめます。また、見た目を美しくするためには、水草や水草を育てる機材も必要です。お客

お客さまに、必要な機材などについてていねいに説明します。平日だと10人以上、休日だと20人以上接客します。

魚は味よりも食べやすい大きさなどで、えさの好みが分かれるので、食べそこねないよう何種類かのえさをやります。

さまの実現したいことや飼育環境、飼育経験などを聞いたうえで、その環境に合った魚や必要な機材などについて、ていねいに説明するよう心がけています。

　また、オーダーメイドで、水草や岩などをきれいにレイアウトした水槽をつくることもあります。たとえば、お客さまから「病院の診察室に水槽を置きたい」と依頼があれば、現地に出向いて、水槽を置きたい場所の電源の位置や水のくみ場所を確認し、お客さまが望むイメージになるよう、水槽に入れる魚や水草、必要な機材などを考え、見積もり書を提出します。見積もりが了承されれば、水槽をレイアウトします。轟さんは水草レイアウトのコンテストで数々の受賞歴をもっているため、こうした依頼も多いのです。

　お客さまをお店に呼び込むためには、お店や商品の宣伝も必要です。轟さんはSNSを使って、入荷したばかりの魚や水草の宣伝をします。気持ちよさそうに泳ぐ魚は、写真よりも動画のほうが見ばえがいいため、動画でも撮影して発信します。

　店内の商品には、その商品の特徴や飼育方法を書いたポップをつくってはっています。ポップがあると、お客さまの目を引き、ポップの情報を参考にして商品を購入してくれるので、売り上げが上がるのです。轟さんは、日ごろからわかりやすい説明を心がけているので、こうした情報発信も得意としています。

轟元気さんの1日
とどろき げん き

アクアリウムショップで魚の世話をしながら接客をする轟さんの1日を見てみましょう。

朝起きたら、朝食を食べて身支度をします。

妻と一緒に家を出て、それぞれの車で出勤します。
つま いっしょ
しゅっきん

7:00
起床・朝食
き しょう

9:00
家を出る

23:00
就寝
しゅうしん

21:00
帰宅・夕飯
き たく

20:00
退社
たいしゃ

18:15
見積もり作成

子どもを寝かしつけたら夕飯です。夕飯後は、読書や短時間のゲームをして、1日をリセットします。
ね

不動産屋のエントランスにかざるオーダーメイドの水槽の見積もりをつくります。
すい
そう

17:15

お店に入ると、水槽の魚の様子を見てまわります。11時にオープンできるよう、準備します。

9:45
入店・魚のチェック

どの魚も食べられるよう、数種類のえさをやってまわります。

10:45
えさやり

水槽から水を出すホースと新しい水を入れるホースの2種類を使って、水を交換します。小さな水槽は、流しで水を交換します。

11:30
水槽の水交換・接客

妻の手づくり弁当を食べて休憩。アクアリウムを解説している個人ブログへの問い合わせに返信することも。

12:30
昼食

水槽の大きさに対して、不足している数の魚を仕入れます。仕入れ数は、経験と勘で判断します。

17:15
仕入れ

IT起業家からのオーダーで、自宅にかざる水槽をレイアウトします。

16:00
水槽づくり

ポップは初心者向けに一目でわかるつくりにします。魚や水草それぞれの特徴や、肥料やえさなどの飼育に必要な情報を一言そえます。

15:00
ポップと動画の作成

初心者のお客さまが来店したので、じっくり時間をかけて接客します。

13:30
水槽の水交換・接客

轟元気さんをもっと

なぜこの仕事につきたいと思ったんですか？

　小さいころから魚が好きで、この仕事につこうと決めたのは、高校3年のときです。当時は大学に進学するつもりで、大学のオープンキャンパスに行ったのですが、高校の延長線上にあるような生活が想像できてしまって、大学に行きたくなくなったんです。そこで、どんな仕事をしたいかで進路を考えることにしました。ぼくは心理学や歴史が好きだったので、どちらかを勉強してその方面の仕事につくか、魚が好きだったので熱帯魚の仕事につくかの三択でした。最終的に、小さいころから好きだった魚の仕事を選ぶことにしました。

この仕事で楽しいときはどんなときですか？

　自分でイメージしていた水槽をレイアウトできたときが一番楽しいです。思い通りの水槽をつくるには、水草をうまく育てなければいけませんし、魚の色をきれいに見せるためには、魚にとってストレスのない環境をつくらなければいけません。ストレスで魚の色が変わることもあります。なおかつ、人が見て美しいと思えるかどうかも大切です。このすべての条件を満たすのは、そう簡単なことではありません。だからこそ、うまくいったときの喜びはひとしおです。

印象に残っているできごとを教えてください

　水草用品を販売するADA社が主催する、世界最大級の「世界水草レイアウトコンテスト」で27位に入賞したことです。この賞は、美しく水草をレイアウトした水槽を正面から撮影し、その写真を送って応募するものなのですが、60か国から約2,000人もの人が応募します。ぼくの作品は、石を段々につみあげ、遺跡のような造形をつくり、廃墟のような遺跡が水草に侵食されていくイメージを表現したのですが、その点が評価されたようです。作品をつくるときは、ぼくが好きなSFやファンタジーの本から発想してつくることが多いです。

この仕事で心がけていることはどんなことですか？

　お客さまが飼育に失敗しないように、お店での飼育はシンプルにするよう心がけています。購入したお客さまがあまり手間をかけないですむようにするためです。たとえば、水槽の水は特別なものを使わず塩素中和剤を入れた水道水にしたり、週に1回水を交換するところを、ある設備を使って2〜3週間に1回交換すればいい方法を考えたりもしています。はじめての人でも飼育がしやすいように、飼育のやり方をシンプルにして、伝え方もわかりやすいよう工夫しています。

知りたい

生き物が好きであれば
この仕事は向いていますか？

　ぼくは魚が好きでこの仕事を選びましたが、生き物好きより、人づきあいがうまい人が向いていると思います。この仕事は、お客さまに生き物や機材などを売ってはじめて、お金になる仕事です。生き物が好きというだけでこの仕事につくと、つらいと感じることもあるかもしれません。たとえば、もしお店の犬が伝染病にかかってしまったら、ほかの犬にうつってしまわないよう、処分も考える必要があります。魚ではそんなことはありませんが、一般的なペットショップでは、そんなシビアな現実を目の当たりにすることもあり、冷静に判断ができることが必要だと思います。

アンナからの質問

水槽のなかは、魚にとって
居心地がいいの？

　自然界にいる魚よりも水槽にいる魚のほうが長生きします。水槽には外敵がいませんし、えさにもこまりません。自然界では、病気になったり、年をとって動きがにぶくなったりすると、外敵に食べられてしまうため、寿命が短いのです。寿命だけで幸せをはかるなら、水槽のほうが圧倒的に居心地はいいと思います。ただ、大海原で太く短く生きたいという魚がいたら、自然界のほうが幸せかもしれませんね。

みなさんへのメッセージ

いっぱいチャレンジしてください。たまに「もう少し上達してからチャレンジします」という人がいますが、はじめからどんどん手を動かし、チャレンジした人のほうが最終的に上達していますよ。

轟元気さんの今までとこれから

プロフィール

2005年にアクアリウムの専門学校を卒業後、都内アクアリウムショップに入社。2021年にアクアリウムショップ「e-scape」の店長に就任。水草レイアウトを得意とし、アクアリウムの情報を集めたサイト「Ordinary-Aquarium」を運営するブロガーとしても活躍中です。

1984年誕生

5歳のときに金魚を飼ったのがアクアリウム経験のはじまり。8歳のときに硬筆の展覧会で入賞した記念に、水槽を祖母に買ってもらう。

8歳

学校でもらったイクラ（サケの卵）を孵化させて、しばらく飼育していた。

10歳

12歳

幅60cmの水槽で本格的に熱帯魚飼育をはじめるが、文集に書いた将来の夢は、ゲームのテストプレイをする人だった。

アクアリウムの専門学校へ入学し、将来はアクアリウムの仕事につくと決める。

今につながる転機

18歳

都内の有名アクアリウムショップに就職。水草の部門を2～3年担当したあと、魚の飼育も担当した。

20歳

アクアリウムの情報を発信するブログ「Ordinary-Aquarium」を立ち上げた。

34歳

1年前に、20歳から勤務していたショップをやめ、アクアリウムショップ「e-scape」の店長になる。

現在

37歳

未来

50歳

一家に一台、水槽がある時代にしたい。「もっと簡単に、もっと自由に」をモットーにアクアリウムの魅力をたくさんの人に伝えていきたい。

轟 元気さんがくらしのなかで大切に思うこと

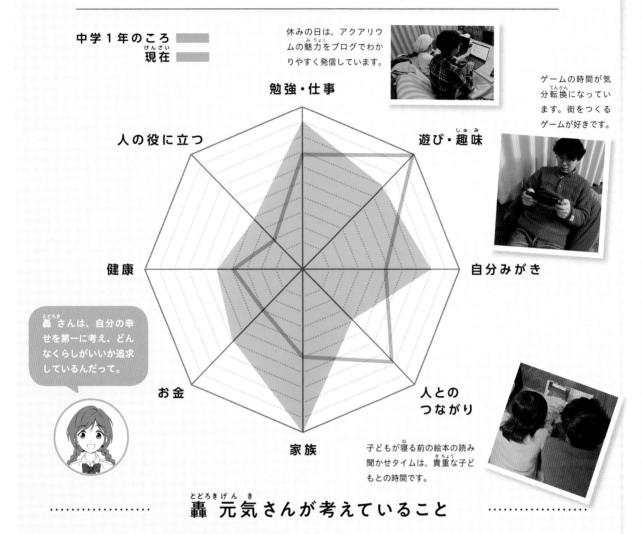

中学1年のころ ▬▬
現在 ▬▬

休みの日は、アクアリウムの魅力をブログでわかりやすく発信しています。

ゲームの時間が気分転換になっています。街をつくるゲームが好きです。

勉強・仕事

人の役に立つ

遊び・趣味

健康

自分みがき

轟さんは、自分の幸せを第一に考え、どんなくらしがいいか追求しているんだって。

お金

人とのつながり

家族

子どもが寝る前の絵本の読み聞かせタイムは、貴重な子どもとの時間です。

轟 元気さんが考えていること

インターネットで情報発信して、飼育で失敗する人をへらしたい

ぼくの夢は、一家に一台の水槽がある時代を実現することです。そのためには、飼育の失敗をへらさなければなりません。なぜなら、多くの人が、一度失敗すると、「自分の飼育がダメだったんだ」とやめてしまうからです。ぼくなりに、飼育を失敗する原因を調べたところ、まちがったインターネットの情報をうのみにしていることがわかりました。そのことがくやしくて、ぼくが正しい情報を伝えればいいんだとブログを立ち上げることにしたんです。

日々情報発信をしてきたことで、ブログの認知度も上がり、ブログを読んだお客さまがお店に足を運んでくれるようになりました。今後も情報発信を続け、より多くの方にアクアリウムを楽しんでもらえるよう、簡単に飼育ができる機材の開発も手がけていきたいです。

ジブン未来図鑑 番外編

動物が好き！
な人にオススメの仕事

この本で紹介した、獣医、トリマー、動物飼育員、ペットショップスタッフ以外にも、「動物が好き！」な人たちにオススメの仕事はたくさんあります。ここでは番外編として、関連のある仕事をさらに紹介していきます。

▶ 職場体験完全ガイド ⑤ p.3 とあったら
「職場体験完全ガイド」（全75巻）シリーズの5巻3ページに、その仕事のくわしい説明があります。学校や図書館にシリーズがあれば、ぜひチェックしてみてください。

動物看護師

（ **こんな人が向いている！** ）
・人や動物の痛みがわかる
・人にわかりやすく説明することが得意
・冷静に落ち着いて行動できる

（ **こんな仕事** ）
　動物病院で検査、入院中の動物の世話、飼い主に対して動物のケアの方法や食事の指導、獣医が処方した薬の説明などをします。飼い主から動物の健康状態を聞き取ることも大切です。検査のために採血したり薬を与えたりする診療サポートは「愛玩動物看護師」の国家資格が必要です。

（ **動物看護師になるには** ）
　大学や専門学校で技術や知識を身につけ、動物病院に就職します。2023年3月ごろに第1回の国家試験が行われる予定（2022年4月現在）の「愛玩動物看護師」の資格があると有利です。

自然保護官（レンジャー）

（ **こんな人が向いている！** ）
・環境保護活動に興味がある
・みんなで話し合って行事をするのが楽しい
・いろいろな科目の勉強を楽しくできる

（ **こんな仕事** ）
　環境省の職員として、国立公園などでの野生動物・植物の保護、生態系の保全、外来種対策、国民が自然とふれあう事業の推進などを担当します。公園内のパトロールなどもありますが、書類作成や関係する組織との調整など、デスクワークも多い仕事です。

（ **自然保護官になるには** ）
　国家公務員試験に合格し環境省に就職する必要があります。試験では森林科学や自然環境の専門的な出題があるので、大学でその分野を学ぶとよいでしょう。

▶ 職場体験完全ガイド ⑮ p.15

動物学者（動物研究員）

（こんな人が向いている！）
・動物の行動や進化に興味がある
・自然のあるところで遊ぶのが好き
・何かを観察したり分析したりするのが好き

（こんな仕事）
　動物を研究して体のしくみや行動、生活などを調べて、発見やその分析を論文にして発表します。自然の中での観察や、長期間にわたるのデータ収集もよく行います。特定の動物の種類を専門に研究することが多いですが、ある地域の動物や生態系、進化を専門にすることもあります。

（動物学者になるには）
　理学部、獣医学部、農学部など動物を学べる学部のある大学に入り、大学院に進学して研究を続けます。成果を論文にして博士号を取得し、大学や研究機関に就職します。

海洋生物学者

（こんな人が向いている！）
・物事を調べてじっくり考えることが好き
・海で遊んだり船に乗ったりするのが好き
・魚、甲殻類、イルカなど海の生き物が好き

（こんな仕事）
　海にすむ生き物について、体のしくみや、行動、生息状況、生態系などを研究します。海や海岸で生き物を観察したり、機械を生き物につけてデータをとったり、撮影・録音したり、採取した体を調べたりして分析し、論文にして発表します。

（海洋生物学者になるには）
　大学で海洋学や生物学を学び、大学院に進学してさらに研究を続けます。成果を論文にして博士号を取得し、その研究をいかせる大学や研究機関に就職します。

▶ 職場体験完全ガイド ㊳ p.25

水族館の飼育員

（こんな人が向いている！）
・海や川で生き物を観察するのが好き
・体力があって泳ぐのが得意
・わかりやすく説明するのが得意

（こんな仕事）
　海や川の生き物を展示する水族館で、生き物の世話をします。担当する生き物にえさを用意して与えたり、水槽などを掃除して清潔さを保つなど、健康管理を行います。見やすい展示を工夫し、イルカなどのショーやその訓練を行うこともあります。

（水族館の飼育員になるには）
　大学で海洋学や水産学、専門学校で水生生物の飼育などを学び、水族館に就職します。飼育員の募集は少なく、アルバイトからはじめて就職をめざす人もいます。

▶ 職場体験完全ガイド ㉘ p.3

酪農家

（こんな人が向いている！）
・牛乳やチーズなど乳製品が好き
・動物や植物への関心が高い
・体力づくりや体調管理が得意

（こんな仕事）
　牛を育てて生乳を生産します。毎日乳しぼりやえさやり、掃除と牛の健康管理を行います。継続して採乳するためには、牛を妊娠・出産させることも重要です。多くの牧場では、えさとなる牧草も自前で育てて収穫し、サイロという大きな容器で発酵させて保管します。牧場によっては、バターやチーズなどの加工品も生産します。

（酪農家になるには）
　大学や専門学校で農学や畜産学を学び、牧場に就職します。そこで経験を積んで独立し、自分の牧場をもちます。

牧場作業員

（ こんな人が向いている！ ）

・体を動かすことが好きで力持ち
・動物を観察することが楽しい
・早起きするのが好き

（ こんな仕事 ）

　酪農用に牛を飼育する、乗馬用の馬や競走馬を飼育する、観光用にいろいろな動物を飼育するなど、牧場にも種類があります。そこで飼育される動物の世話をすることが基本です。酪農牧場では、乳しぼりや乳製品の加工も行います。観光牧場ではお客さまへの説明や商品の販売をすることもあります。

（ 牧場作業員になるには ）

　農学や畜産学などを学べる大学や専門学校で、動物飼育の基本知識と技術を学び、牧場に就職するのが一般的です。

▶ 職場体験完全ガイド ⑯ p.23

盲導犬訓練士

（ こんな人が向いている！ ）

・動物のなかでもとくに犬が好き
・障がいがある人へのサポートに興味がある
・根気強く物事に取り組める

（ こんな仕事 ）

　犬の性格に合わせて、盲導犬としてはたらけるように訓練します。指示する言葉や動作を教えたあとは、街のなかで人を誘導できるように訓練します。盲導犬を使う目の不自由な人に、盲導犬とのくらし方、歩き方も指導し、一緒に街で歩く訓練をします。

（ 盲導犬訓練士になるには ）

　盲導犬の育成・普及を行う団体に就職してから犬のトレーニングについての訓練を受け、その団体の認定試験に合格する必要があります。

▶ 職場体験完全ガイド ㉘ p.15

ブリーダー

（ こんな人が向いている！ ）

・動物の世話をするのが好き
・物事を計画的に進めるのが得意
・観察力があり細かいことに気がつく

（ こんな仕事 ）

　主にペットとなる動物を飼育・繁殖させる仕事です。繁殖は母親となる動物にストレスを与えず、遺伝的な病気が発生しないように、計画的に行う必要があります。日ごろの動物の世話、生まれた子のしつけや予防注射も行い、飼い主には飼い方のアドバイスもします。

（ ブリーダーになるには ）

　専門学校などで動物の飼育について学び、ブリーディングの会社やお店に就職し、経験を積んだあと、独立して開業します。開業には通常、動物取扱責任者の配置と「動物取扱業」の登録が必要です。

ドッグトレーナー

（ こんな人が向いている！ ）

・飼い犬のしつけをしたことがある
・論理的に考えて物事の分析ができる
・自分なりに工夫して作業するのが好き

（ こんな仕事 ）

　犬と人間が気持ちよく一緒にくらすため犬のしつけをします。犬がなぜ問題行動を起こすのか原因を分析し、その犬に合った方法を見つけて訓練します。飼い主にしつけのポイントも教えます。主にペットが対象ですが、ドッグショーに出る犬なども訓練します。

（ ドッグトレーナーになるには ）

　専門学校などで、犬に対するトレーニングの基本技術を身につけたあと、犬のしつけ教室に就職したりベテラントレーナーのもとではたらき、勉強して知識と技術をみがきます。

ペットシッター

(こんな人が向いている！)

・いろいろな種類の動物に興味がある
・友だちからよく頼られる
・責任感があり、約束は必ず守る

(こんな仕事)

　動物の飼い主が旅行や出張、入院などで世話ができないときに、飼い主の家に行ってペットの食事や散歩、健康管理などの世話をします。安全に世話をするためには、どのような世話が必要か、どんな個性のある動物か、事前に飼い主と相談することが大切です。

(ペットシッターになるには)

　資格がなくてもなれますが、専門学校などで動物について学び、「ペットシッター士」などの資格をとって、ペットシッターの会社などに就職することが一般的です。

アニマルセラピスト

(こんな人が向いている！)

・動物と一緒に遊ぶことが好き
・人に喜んでもらえるとうれしい
・ボランティア活動に興味がある

(こんな仕事)

　犬をはじめとして、猫、ウサギ、小鳥など、動物とのふれあいを通して、人の心や体の機能をケアする仕事です。病院や福祉施設などで、お年寄り、障がいをもつ人、病気の人、子どもなどが動物とふれあうサポートをします。そのほか、動物の世話や訓練も行います。

(アニマルセラピストになるには)

　はたらくために資格は必要ではありませんが、専門学校などでアニマルセラピーについて学び、アニマルセラピーに関連した団体の試験を受け、資格をとってから就職するのが一般的です。

「職場体験完全ガイド」で紹介した仕事

「動物が好き！」な人が興味を持ちそうな仕事を PICK UP！

エコツアーガイド ▶ 43 p.35
競馬騎手 ▶ 54 p.25
漁師 ▶ 16 p.13
魚屋さん ▶ 33 p.25
たまご農家 ▶ 33 p.37

こんな仕事も…

畜産技術者／競馬調教師／装蹄師／厩務員／
鵜匠／動物プロダクションスタッフ／
ペット用品メーカースタッフ

関連のある仕事や会社もCHECK！

関連のある仕事

写真家 ▶ 45 p.27
絵本作家 ▶ 48 p.13
ライター ▶ 49 p.25
イラストレーター ▶ 40 p.37

関連のある会社

ユーグレナ ▶ 71 p.37

写真をとったり絵をかいたりして動物に関わる方法もあるんだね。

取材協力

andHUG
e-scape 坂戸店
アクアマリンふくしま
　（公益財団法人ふくしま海洋科学館）
井の頭自然文化園
有限会社エイチ・ツー

スタッフ

イラスト	加藤アカツキ
ワークシート監修	株式会社 NCSA
	安川直志（キャリアデザインアドバイザー）
	安川志津香（キャリアデザインアドバイザー）
編集・執筆	安藤千葉
	大宮耕一
	桑原順子
	田口純子
	前田登和子
	吉田美穂
撮影	石見祐子
	大森裕之
	橋詰芳房
	南阿沙美
デザイン	パパスファクトリー
編集・制作	株式会社 桂樹社グループ
	広山大介

ジブン未来図鑑　職場体験完全ガイド＋　② **動物が好き！**

獣医・トリマー・動物飼育員・ペットショップスタッフ

発行　2022年4月　第1刷

発行者　千葉 均
編集　柾屋 洋子
発行所　株式会社 ポプラ社
　　　　〒102-8519
　　　　東京都千代田区麹町4-2-6
ホームページ　www.poplar.co.jp（ポプラ社）
　　　　　　　kodomottolab.poplar.co.jp（こどもっとラボ）
印刷・製本　図書印刷株式会社

©POPLAR Publishing Co.,Ltd. 2022
ISBN978-4-591-17263-6
N.D.C.366／47P／27cm
Printed in Japan

あそびをもっと、
まなびをもっと。
こどもっとラボ

ポプラ社はチャイルドラインを応援しています

18さいまでの子どもがかけるでんわ
チャイルドライン®
0120-99-7777
毎日午後**4**時～午後**9**時　※12/29～1/3はお休み

電話代はかかりません
携帯（スマホ）OK

18さいまでの子どもがかける子ども専用電話です。
困っているとき、悩んでいるとき、うれしいとき、
なんとなく誰かと話したいとき、かけてみてください。
お説教はしません。ちょっと言いにくいことでも
名前は言わなくてもいいので、安心して話してください。
あなたの気持ちを大切に、どんなことでもいっしょに考えます。

チャット相談は
こちらから

自分の未来を「好き」から選ぶ、キャリア教育の新定番！

ジブン未来図鑑 職場体験完全ガイド＋ N.D.C.366（キャリア教育） 全5巻

第1期

❶ 食べるのが好き！ パティシエ・シェフ・すし職人・料理研究家

❷ 動物が好き！ 獣医・トリマー・動物飼育員・ペットショップスタッフ

❸ おしゃれが好き！ ファッションデザイナー・ヘアメイクアップアーティスト・スタイリスト・ジュエリーデザイナー

❹ 演じるのが好き！ 俳優・タレント・アーティスト・ユーチューバー

❺ デジタルが好き！ ゲームクリエイター・プロダクトマネージャー・ロボット開発者・データサイエンティスト

仕事の現場に完全密着！ 取材にもとづいた臨場感と説得力!!

職場体験完全ガイド N.D.C.366（キャリア教育） 全75巻

第1期
❶ 医師・看護師・救急救命士 ❷ 警察官・消防官・弁護士 ❸ 大学教授・小学校の先生・幼稚園の先生 ❹ 獣医師・動物園の飼育係・花屋さん ❺ パン屋さん・パティシエ・レストランのシェフ ❻ 野球選手・サッカー選手・プロフィギュアスケーター ❼ 電車の運転士・パイロット・宇宙飛行士 ❽ 大工・人形職人・カーデザイナー ❾ 小説家・漫画家・ピアニスト ❿ 美容師・モデル・ファッションデザイナー

第2期
⓫ 国会議員・裁判官・外交官・海上保安官 ⓬ 陶芸家・染めもの職人・切子職人 ⓭ 携帯電話企画者・ゲームクリエイター・ウェブプランナー・システムエンジニア（SE） ⓮ 保育士・介護福祉士・理学療法士・社会福祉士 ⓯ 樹木医・自然保護官・風力発電エンジニア ⓰ 花卉農家・漁師・牧場作業員・八百屋さん ⓱ 新聞記者・テレビディレクター・CMプランナー ⓲ 銀行員・証券会社社員・保険会社社員 ⓳ キャビンアテンダント・ホテルスタッフ・デパート販売員 ⓴ お笑い芸人・俳優・歌手

第3期
㉑ 和紙職人・織物職人・蒔絵職人・宮大工 ㉒ 訪問介護員・言語聴覚士・作業療法士・助産師 ㉓ 和菓子職人・すし職人・豆腐職人・杜氏 ㉔ ゴルファー・バレーボール選手・テニス選手・卓球選手 ㉕ テレビアナウンサー・脚本家・報道カメラマン・雑誌編集者

第4期
㉖ 歯科医師・薬剤師・鍼灸師・臨床検査技師 ㉗ 柔道家・マラソン選手・水泳選手・バスケットボール選手 ㉘ 水族館の飼育員・盲導犬訓練士・トリマー・庭師 ㉙ レーシングドライバー・路線バスの運転士・バスガイド・航海士 ㉚ スタイリスト・ヘアメイクアップアーチスト・ネイリスト・エステティシャン

第5期
㉛ ラーメン屋さん・給食調理員・日本料理人・食品開発者 ㉜ 検察官・レスキュー隊員・水道局職員・警備員 ㉝ 稲作農家・農業技術者・魚屋さん・たまご農家 ㉞ 力士・バドミントン選手・ラグビー選手・プロボクサー ㉟ アニメ監督・アニメーター・美術・声優

第6期
㊱ 花火職人・筆職人・鋳物職人・桐たんす職人 ㊲ 書店員・図書館司書・翻訳家・装丁家 ㊳ ツアーコンダクター・鉄道客室乗務員・グランドスタッフ・外国政府観光局職員 ㊴ バイクレーサー・重機オペレーター・タクシードライバー・航空管制官 ㊵ 画家・映画監督・歌舞伎俳優・バレエダンサー

第7期
㊶ 保健師・歯科衛生士・管理栄養士・医薬品開発者 ㊷ 精神科医・心療内科医・精神保健福祉士・スクールカウンセラー ㊸ 気象予報士・林業作業士・海洋生物学者・エコツアーガイド ㊹ 板金職人・旋盤職人・金型職人・研磨職人 ㊺ 能楽師・落語家・写真家・建築家

第8期
㊻ ケアマネジャー・児童指導員・手話通訳士・義肢装具士 ㊼ 舞台演出家・ラジオパーソナリティ・マジシャン・ダンサー ㊽ 書籍編集者・絵本作家・ライター・イラストレーター ㊾ 自動車開発エンジニア・自動車工場従業員・自動車整備士・自動車販売員 ㊿ 彫刻家・書道家・指揮者・オペラ歌手

第9期
51 児童英語教師・通訳案内士・同時通訳者・映像翻訳家 52 郵便配達員・宅配便ドライバー・トラック運転手・港湾荷役スタッフ 53 スーパーマーケット店員・CDショップ店員・ネットショップ経営者・自転車屋さん 54 将棋棋士・総合格闘技選手・競馬騎手・競輪選手 55 プログラマー・セキュリティエンジニア・アプリ開発者・CGデザイナー

第10期
56 NASA研究者・海外企業日本人スタッフ・日本企業海外スタッフ・日本料理店シェフ 57 中学校の先生・学習塾講師・ピアノの先生・料理教室講師 58 駅員・理容師・クリーニング屋さん・清掃作業スタッフ 59 空手選手・スポーツクライミング選手・プロスケートボーダー・プロサーファー 60 古着屋さん・プロゲーマー・アクセサリー作家・大道芸人

第11期 （会社員編）
61 コクヨ・ヤマハ・コロナ・京セラ 62 富士通・NTTデータ・ヤフー・NDソフトウェア 63 タカラトミー・キングレコード・スパリゾートハワイアンズ・ナゴヤドーム 64 セイコーマート・イオン・ジャパネットたかた・アマゾン 65 H.I.S.・JR九州・伊予鉄道・日本出版販売

第12期 （会社員編）
66 カルビー・ハウス食品・サントリー・雪印メグミルク 67 ユニクロ・GAP・カシオ・資生堂 68 TOTO・ニトリホールディングス・ノーリツ・ENEOS 69 TBSテレビ・講談社・中日新聞社・エフエム徳島 70 七十七銀行・楽天Edy・日本生命・野村ホールディングス

第13期 （会社員編）
71 ユニ・チャーム・オムロン ヘルスケア・花王・ユーグレナ 72 三井不動産・大林組・ダイワハウス・乃村工藝社 73 au・Twitter・MetaMoJi・シャープ 74 ABEMA・東宝・アマナ・ライゾマティクス 75 東京書籍・リクルート・ライフイズテック・スイッチエデュケーション

ワークシート 「自分のキャリアをイメージしてみよう」

STEP1

1

「自分の生まれた年」と「現在の年齢」、「今好きなこと」や「小さいころ好きだったこと」を書いてみましょう。

2

この本で紹介している4人の「今までとこれから」を参考に、「**これから学びたいこと**」「**してみたいこと（アルバイトなど）**」「**どんな仕事につきたいか**」「**どこにだれと住んでいたいか**」を、年齢も入れながら書いてみましょう。

3

60歳の自分が「どんなくらしをしているか」、想像して書いてみましょう。

4

気づいたことを、メモしておきましょう。

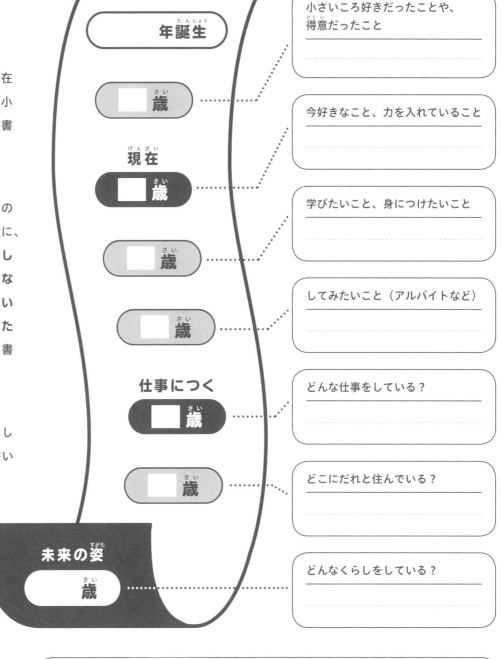

誕生年

□歳

現在
□歳

□歳

□歳

仕事につく
□歳

□歳

未来の姿
□歳

小さいころ好きだったことや、得意だったこと
_____
_____

今好きなこと、力を入れていること
_____
_____

学びたいこと、身につけたいこと
_____
_____

してみたいこと（アルバイトなど）
_____
_____

どんな仕事をしている？
_____
_____

どこにだれと住んでいる？
_____
_____

どんなくらしをしている？
_____
_____

なりたい自分に近づくために必要なこと
....
....

気づいたこと
....

STEP2

なりたい自分に近づくために必要なことは何か、課題は何か、考えてみましょう。